AF242349

ENTREE
ROYALE
Faicte au Roy

En la ville de Sainct Iean d'Angely le vnziefme Septem-
bre mil six cens vingt.

Enfemble quels ont efté les Portiques,
Amphiteatre, Tableaux, Deuifes
& Emblefmes enicelle Ceremonie.

Et generalement tout ce qui s'eft paffé
de plus particulier tant en ladite ville
que depuis le départ de fa Majefté de
la ville de Poictiers jufques à fon arriuée en icelle.

A PARIS,
Chez Isaac Mesnier, ruë
des Mathurins.
1620.

[illegible]

ROYALE

[illegible]

[illegible] ainſi ſans fard [illegible]
Roy, je vais [illegible] ne Sequent,
[illegible] ue ville ACHEVAMUS.

[illegible] quelque quatre ou cinq [illegible] Langues
[illegible], ou l'Addition, Denote
[illegible] Emblesme cecelle [illegible]

[illegible] entre ce qui s'est paſſé
[illegible] Sexe [illegible] Sçavant [illegible]
[illegible] yau de la Ville de [illegible]
[illegible]

A PARIS
[illegible]
[illegible] avec privilege [illegible]

3

ENTREE
ROYALE
Faicte au Roy.

En la ville de S. Iean d'Angely.

Ensemble toutes les particula-
ritez qui se sont passees de-
puis le départ de sa Maie-
sté de la ville de Poictiers
iusques à ladicte ville.

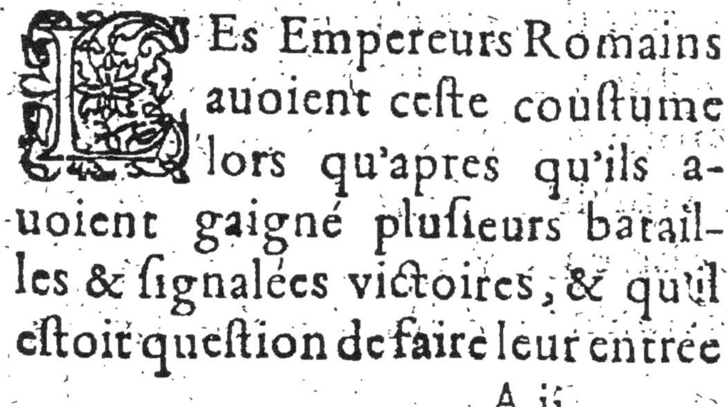

Es Empereurs Romains
auoient ceste coustume
lors qu'apres qu'ils a-
uoient gaigné plusieurs batail-
les & signalées victoires, & qu'il
estoit question de faire leur entrée

A ij

dedans la ville de Rome, ils ſe faiſoient trainer en des ſuperbes & riches chariots; meſme quelque fois par des Lyons, demonſtrant qu'ils dominoiét toutes ſortes de forces telles qu'elles puiſſent eſtre, le plus ſouuent par des plus beaux & vifs cheuaux blancs, & lors on abattoit vne partie des murailles de la ville ſelon l'ancienne couſtume: & ainſi entrant en la ville de Rome, veſtus de pourpre & Challamides toutes ſemées d'eſtoiles d'or, portant ſur leurs chefs les couróneſ des Royaumes qu'ils auoient gaignez. Se faiſoient auſſi porter deuant eux pluſieurs Emblesmes & deuiſes, leurs Chars eſtoient ſuiuis des Roys & Princes qu'ils auoient ſurmontez.

Et en cét appareil ainſi qu'ils paſſoient par les ruës l'on faiſoit

de tous coſtez des victimes, on
reſpandoit par prodigalité du ſaf-
fran, on laiſſoit aller grandes di-
uerſitez d'oyſeaux pardeuãt eux,
& les lieux par où deuoient paſſer
eſtoient de cent pas à cent pas,
ornez de diuers portaux triom-
phant de diuerſes façons & ſcul-
ptures : Et voila quelle eſtoit la
façon des entrées des anciens Empereurs Romains.

Mais celle que ie veux dire auoir
eſté faicte en la ville de Sainct
Iean d'Angely, non des Empereurs Romains, mais de l'vn des
plus victorieux Roy de L'vni-
vers, & le plus Ivste, & plus
Pacifiqve de la Chreſtien-
té le petit mignon de Dievɴ,
Lovys XIII. le Fils aiſné de ſon
Egliſe, lequel apres auoir reſerainé
& rendu calme ſon Royaume

des troubles qui fembloient s'y
efmouuoir, par la fage prouiden-
ce & l'heureufe conduitte de fon
bon Confeil, eftant party de fa
bonne ville de Paris pour aller en
Normandie, & de là vers la ville
de Poictiers, là où fadite Majefté
s'y eftant arreftée tant pour faire
rafraifchir fon Armée que pour
donner ordre à ce qui reftoit eftre
neceffaire pour la plus grande pa-
cification de fon Royaume.

Sa Majefté eftant donc en icelle ville l'efpace de quelque trois
fepmaines ou environ, apres a-
uoir envoyé mandement à Mon-
fieur le Duc du Mayne de le venir
trouuer en ladicte ville, ce qu'il
auroit fait incontinent, & feroit
venu trouuer fadite Majefté en
icelle ville le 9. Septembre der-
nier: lequel fieur Duc du Mayne

7

apres auoir manifesté au Roy en
presence de quelques Seigneurs
de la Cour, les fidelles obeissan-
ces qu'il deuoit au seruice de la
Couronne, en laquelle il vouloit
viure & mourir. Incontinent a-
pres auoir pris congé de sa Majesté & des Roynes, reprit la poste
pour s'en retourner en la ville de
Bourdeaux.

Le mesme iour sa Majesté est
partie de la ville de Poictiers sur
les deux heures apres midy, pour
aller coucher à Lusignan, & de là
droit à la ville de sainct Iean d'Angely.

Peu auparauant le départ de sa
Majesté de la ville de Poictiers
estoient venus pardeuers icelle
quelques Deputez de ladite ville
pour luy faire offrande des clefs
de la ville & des cœurs des Habi-

rans d'icelle : Ce que sadite Majesté prenant à gré telle offrande, les
asseura de sa bien-vueillance, &
qu'il desiroit les aller voir sur les
lieux.

Sur telle parole lesdits Deputez
prindrent congé de sa Majesté &
s'en retournerent en poste en ladicte ville de S. Iean d'Angely, là
où estant arriué, l'on fit assem-
blée en l'Hostel de ville, pour ar-
rester & donner ordre à toutes les
Ceremonies qui pourroiét estre
necessaires pour L'ENTREE du
ROY : tellement qu'en icelle as-
semblée l'on arresta quelles deuoient estre les Ceremonies.

Cela estant arresté, ceux qui a-
uoient esté Deputez du corps de
ladicte ville pour donner ordre à
l'appareil, manderent de tous co-
stez des Peintres, & Soulpteurs

pour

pour expedier tant pluſtoſt les tableaux & Deuiſes, les Portiques
& Amphiteatres qu'ils deſiroient
faire faire aux auenuës par où deuoit paſſer ſa Majeſté, tellement
qu'é moins de dix ou douze iours
par le bon ſoin & vigilence deſ-
dits Deputez tout ledit appareil
fut preparé, n'attendant que le
iour qu'il plairoit à ſa Majeſté de
faire ſon entrée.

Le iour eſtant donc arriué que
le Roy deuoit entrer en icelle, il
ſortit hors de la ville quelque
deux mille hommes d'vne & d'autre Religion, faiſant les deux mille hommes ſix Compagnies, tous
braues & bien armez, & façon de
tres-bons Soldats (& auſſi que c'e-
ſtoit l'eſlite des plus adroits aux
Armes que l'on peut recognoiſtre
eſtre en icelle ville) qui firent vne

B

haye bordant les deux coſtez du
grand chemin par où deuoit paſſer ſa Majeſté, de la longueur
d'vne grande demy lieuë du pays
juſques a la porte de ladite ville.

Sa Majeſté fut reſluë à la dicte
porte par leſdits Deputez qui a-
pres vne tres-humble Harangue
preſenterent les Clefs de ladite
ville au Roy qui les receut de leurs
mains & les bailla à vn Seigneur
pour quelque temps, & puis les
rendit auſdits Deputez.

Sur le premier Portique d'icelle porte eſtoit vn tres-grand Tableau de quelque ſix pieds de
haut, où eſtoit naifuemens repre-
ſenté le Portraict de ſa Majeſté,
foullant aux pieds les trophées
d'Armes, & tenant en ſa main
droicte vne palme, & le chef cou-
ronné de branches d'Olliues, à

11

l'entour d'iceluy Tableau eſtoit
poſé pluſieurs feſtons enrichis
des Armoiries de ſa Majeſté, de la
Royne ſon Eſpouſe, de la Royne
Mere, de Monſieur Frere du Roy,
de Monſieur le Duc de Rohan
comme Gouuerneur d'icelle ville, & des Armoiries de ladite ville.

Au ſecond Portique qui eſt au
dedans de la ville y auoit quanti-
tez d'Emblemes & Deuiſes ri-
chement decorées de peintures,
toutes ſur les VERTVS, PIETE &
IVSTICE de noſtre tres-GLO-
RIEVX MONARQVE, leſquelles ſa
Majeſté s'arreſta quelque temps a,
les conſiderer.

Les rues par où deuoit paſſer ſa
Majeſté eſtoient toutes tapiſſées
d'vn coſté & d'autre, & ſemées
de ſable à cauſe du mauuais pavé
qui eſt en icelle, ladicte Majeſté

apres auoir receu les vœux de
tous les Habitans de la ville, entre en icelle, là où il est conduit par
les Suisses de sa garde, & des Ar-
chers de la garde Escossoises au
logis que lesdits Deputez luy a-
uoient fait dresser à la Royalle,
pendant ce toutes les ruës estoient
tellement remplies d'vne si grande affluance de peuples, qui tous
d'vne vive voix cryoient V I V E
L E R O Y, que le train de la Cour
ne pouuoit quasiment passer.

Sa Majesté estant arriuée en son
Hostel, les grosses pieces de Ca-
non qui estoient sur les tours de
l'Abbaye d'Angery & sur les autres places fortes de la ville, re-
commencerent pour la seconde
fois leur foudroyant rintamare,
que l'on fit incontinent cesser
à cause que l'esbranlement des

maiſons & des vitres qui tom-
boient & bleſſoient le peuple qui
paſſoit en icelle.

Voyla Amy lecteur tout ce qui
s'eſt paſſé en ladicte entrée qui
toutesfois n'eſt pour aſſeuré qu'el-
le revient à plus de cent mille li-
ures à cauſe des ſumptueuſes ma-
gnificence qui ont eſté faictes en
divers endroicts de ladicte ville
que ie ſerois trop long à vous dé-
duire par le menu, qu'aux tres
belles collations & feſtins qui ont
eſtez faits à quelques particuliers
Seigheurs de la Cour qu'autres
Generaux, à cauſe des raretez qui
s'y ſont trouuez, & pourſuiuant
le voyage du Roy juſques à ſon
retour dans ſa bonne ville de Paris, i'eſpere de faire ſçauoir toutes
les vrayes particularitez qui ſe paſ-
ſeront, autres GLORIEVX faits

de noſtre INVINSIBLE MO-
NARQVE LOVYS XIII. que
Dieu par ſa ſaincte grace nous
vueille conſeruer.

FIN.